AF306463

CONSIGUE QUE TU HIJO DEJE DE MOJAR LA CAMA

Los trucos para combatir la enuresis infantil

Por Dominique van der Kaa
Traducido por Laura Soler Pinson

Salud y bienestar   50MINUTOS.es

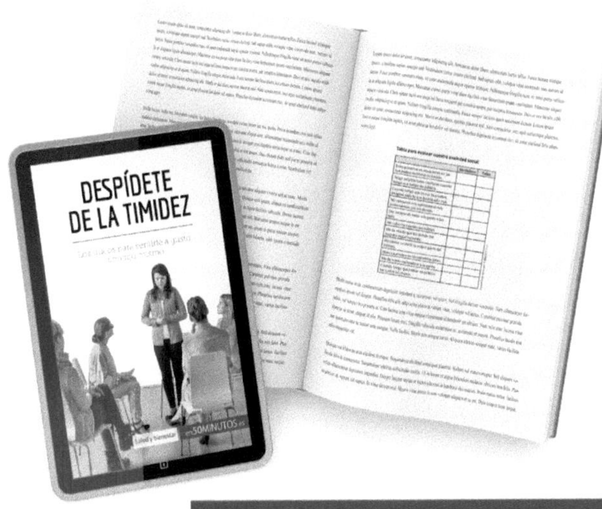

CÓMO AYUDAR A TU HIJO PARA QUE NO MOJE LA CAMA

- **¿Problemática?** La enuresis es un problema que afecta a muchos más niños de lo que pensamos. Aunque no es grave, el niño y sus padres suelen vivirlo mal y puede convertirse rápidamente en un factor de estrés, además de tener un impacto psicosocial importante en el niño que la padece.
- **¿Meta?** Comprender las causas de la enuresis nocturna y descubrir cómo tratarla, y ayudar a tu hijo para que aprenda a usar el baño.
- **¿Preguntas frecuentes?**
  - ¿Cuándo enseñar al niño a usar el orinal?
  - ¿Qué opinión merecen los pañales o los pañales de aprendizaje?
  - Mi niño de siete años sigue mojando la cama. ¿Tengo que preocuparme?
  - ¿Tengo que despertar a mi hijo por la noche para llevarlo al baño?

- ¿Qué hago si mi hijo tiene que irse a casa de un amigo o pasar unos días fuera de casa?
- ¿Son inevitables las revisiones médicas durante una consulta para un problema de enuresis?

Cuando el niño abandona el estadio de lactante, hacia los 2 años, y cuando ya ha adquirido un cierto número de aptitudes psicomotrices, aprender a ir al baño se convierte en una preocupación en la familia. En efecto, con su ingreso en parvulario unos meses más tarde, el pequeño tiene una nueva vida social y, con ella, aparecen unas exigencias higiénicas. Durante este proceso de aprendizaje suelen manifestarse los problemas de enuresis. Aunque este fenómeno es completamente normal, la enuresis se vuelve problemática cuando perdura y genera un malestar en el día a día, tanto para los niños como para los padres. ¿Cómo explicar que nuestro hijo todavía moje la cama cuando tendría que mantenerse limpio desde hace tiempo? ¿Los motivos se encuentran en un ambiente familiar demasiado estricto? ¿Se trata de un problema fisiológico? ¿Es inevitable acudir a un especialista? ¿Qué actitud adoptar como padre y qué costumbres implantar para ayudar a que tu hijo deje de mojar las sábanas?

En 50 minutos, aprende las claves para acompañar eficazmente a tu hijo en su proceso de adquisición del control de estas capacidades, descubre las causas y también las consecuencias de la enuresis nocturna, y su tratamiento, ya sea en casa o con la ayuda de un profesional de la salud.

¿CÓMO EXPLICAR EL FENÓMENO DE LA ENURESIS?

LA ENURESIS NOCTURNA

La enuresis nocturna, más conocida como «orinarse en la cama» o «mojar las sábanas», se define como una pérdida de orina intermitente, inconsciente e involuntaria durante el sueño después de los 5 años. Es importante detallar que estas pérdidas urinarias se producen fuera de toda afección médica, neurológica o psiquiátrica.

Si bien la mayoría de los niños alcanzan la adquisición del control voluntario diurno hacia los 3 años —aunque todavía pueden producirse algunos accidentes—, después de los 5 años, se supone que el niño es igual de limpio por el día que por la noche, puesto que ya logra controlar sus esfínteres. Así pues, hablamos de enuresis cuando no domina su vejiga después de los 5 años.

En líneas generales, se obtiene la adquisición del control voluntario nocturno:

- Hacia los 18 meses, en el 2 % de los niños y en el 6 % de las niñas;
- Hacia los 3 años, en el 75 % de los niños y en el 80 % de las niñas;
- Hacia los 5 años, en el 85-90 % de ambos géneros;
- Hacia los 15 años, en el 99 % de ambos géneros (Valleteau de Moulliac *et al.* 2005).

La enuresis puede tener una frecuencia muy variable: puede ser regular o irregular, intermitente con largos periodos de control, o también episódica, con algunos accidentes escasos. Puede ocurrir al principio de la noche y que la razón sea un sueño profundo, del que al niño le cuesta salir y durante el que no siente las ganas de orinar, o presentarse al final de la noche y estar relacionado con una vejiga demasiado llena.

LA ENURESIS PRIMARIA Y SECUNDARIA

Existen dos tipos de enuresis en función de cómo han surgido: la enuresis primaria y la enuresis secundaria.

En el 80 % de los casos, la enuresis es primaria, es decir, el niño casi nunca ha estado limpio por la noche. Por lo general, esta se resuelve por sí sola con el tiempo. No obstante, si el problema perdura tras alcanzar la edad en la que normalmente se adquiere el hábito, puede resultar útil consultar a un médico, que determinará si la enuresis se debe a un problema fisiológico determinado y si requiere una atención médica.

Se habla de enuresis secundaria cuando se produce tras un periodo de control completo (día y noche) que va desde los seis meses a un año. La mayoría de las veces, el motivo de esta regresión se encuentra en un acontecimiento que ha supuesto un choque emocional para el niño.

LAS CAUSAS DE LA ENURESIS

Las causas de la enuresis primaria son más bien de orden fisiológico, porque el niño nunca ha logrado mantenerse limpio. Por su parte, la mayoría de las veces, la enuresis secundaria presenta motivos psicológicos, aunque no se excluye un trastorno orgánico.

La explicación fisiológica

Basándose en una anamnesis (un interrogatorio) y, eventualmente, en un análisis de orina, muchas veces el médico identificará en el niño incontinente un problema de orden fisiológico, ya sea funcional u orgánico, principalmente en caso de enuresis nocturna primaria. Entre los más habituales, están:

- **una vejiga inmadura**. El niño no logra controlar su esfínter uretral y aguantar cuando la necesidad se vuelve urgente;
- **una vejiga demasiado pequeña**. La capacidad vesical es demasiado limitada para contener la orina durante un largo periodo;
- **un desajuste endocrino**. En algunos niños enuréticos, la secreción de HAD (hormona

antidiurética) no se produce correctamente. Por ende, el organismo tiene problemas para reabsorber el líquido, lo que puede conllevar una poliuria nocturna, un trastorno urinario caracterizado por una necesidad de orinar anormalmente elevada;

- **un sueño demasiado profundo**. En estos casos determinados, al niño, cuyo umbral de vigilia es particularmente elevado, le cuesta despertarse y, por lo tanto, sigue dormido, a pesar de las señales que le envía su vejiga;
- **una predisposición genética**. Actualmente, se están llevando a cabo estudios para identificar genes que podrían estar vinculados con la enuresis y para determinar su papel exacto. Podrían estar relacionados los cromosomas 8, 12, 13 y 22;
- **un trastorno orgánico subyacente**. Puede ocurrir que la enuresis nocturna esté provocada por una enfermedad o por una infección independiente, como una diabetes o, incluso, una infección urinaria. Esta causa orgánica particular también puede aplicarse a la enuresis secundaria.

La explicación psicológica

Además de los factores puramente fisiológicos, la enuresis y, en especial, la enuresis secundaria, puede deberse a una causa psicológica, un acontecimiento crucial que altere el equilibrio diario del niño. En esos casos determinados, conviene aislar en una línea del tiempo el momento en el que empezó el problema de incontinencia. Puede tratarse de:

- **un choque emocional**. Un niño que se mantiene limpio desde hace mucho a veces puede retroceder tras un acontecimiento que lo ha angustiado, como el divorcio de sus padres, el nacimiento de un nuevo niño, un fallecimiento, un cambio de escuela, etc.;
- **una especie de rebelión**. Si la adquisición de los hábitos se ha caracterizado por exigencias

educativas que no se adaptan a la edad o a las capacidades del niño, puede sentir la necesidad de expresar su descontento o su sufrimiento a través de la incontinencia;
* **un malestar generalizado**. Un niño que evoluciona en un entorno hostil, violento, tiránico o, por el contrario, negligente podrá expresar inconscientemente su malestar y su miedo a través de la enuresis nocturna.

En el caso de una enuresis primaria, puede resultar más complicado identificar el factor psicológico. Algunos especialistas hablan de un miedo a crecer o, incluso, de una forma personal de rechazar las pulsiones sexuales inconscientes (complejo de Edipo), pero ningún estudio ha demostrado científicamente estas teorías a día de hoy.

LAS CONSECUENCIAS DE LA ENURESIS

La enuresis es una patología cuyas repercusiones en el niño son tanto sociales y escolares como psicológicas. En efecto, el niño enurético tiende a aislarse, se niega a ir a dormir a casa de un compañero o a ir de excursión con el colegio por miedo a la humillación que podría generar una incontinencia nocturna. Además de este impacto en su vida social, es muy probable que el niño desarrolle una falta de autoconfianza y que sufra una pérdida de autoestima. Su enuresis puede provocar que nazca en él un profundo sentimiento de culpabilidad, de incomodidad o de impotencia, que se traduce por angustia (miedo a que sus padres lo abandonen, angustia con respecto a su futuro), agresividad e, incluso, una tristeza intensa y persistente. Por otro lado, el niño puede ver en ello ventajas secundarias que lo mantienen en el estado de bebé: sigue siendo el centro de atención de la familia; no tiene que asearse solo; obtiene más clemencia y está más mimado, etc.

Sin embargo, aunque para el niño es difícil vivir la enuresis, tampoco deben obviarse las consecuencias para el resto de la familia, ya sean financieras (coladas, pañales, posibles tratamientos) o psicológicas (sentimiento de culpabilidad de los padres, sentimiento de fracaso educativo, de incomodidad y de vergüenza). La enuresis puede degradar rápidamente la relación padres-hijo y convertirse en un secreto de familia que es mejor esconder al resto del mundo.

¿CÓMO AYUDAR A TU HIJO PARA QUE NO MOJE LA CAMA?

ENSEÑARLE LA CONTINENCIA DE FORMA EFICAZ

Solo podrás pensar en enseñar a tu hijo a controlar sus esfínteres cuando este haya alcanzado un cierto nivel de desarrollo. Si lo intentas antes, fracasarás, ya que, sencillamente, todavía no habrá adquirido la suficiente maduración fisiológica, psicológica e intelectual. Por lo tanto, no sirve de nada correr, hay que empezar en el momento adecuado.

La maduración fisiológica

La maduración fisiológica que, por lo general, se alcanza hacia los 2 años, se corresponde con un control voluntario por parte del niño de los esfínteres, músculos situados a la entrada del ano y de la uretra, cuya contracción y relajación está regida por el sistema nervioso central. El control esfinteriano pertenece al ámbito de la voluntad, por lo que es normal que el hábito diurno se adquiera antes que el nocturno.

Durante su primer año de vida, el lactante tiene lo que se llama una micción refleja. Su vejiga es infantil o automática, es decir, se contrae por acto reflejo en cuanto se dilata ligeramente. A partir del final de su primer año, el niño presenta una inmadurez vesical fisiológica. Aunque es consciente de sus percepciones internas y aunque puede identificarlas e indicarlas por gestos, todavía tiene necesidades imperiosas. A continuación, empieza el estado de maduración de forma progresiva hasta el control completo de sus esfínteres. A partir de este momento, el niño puede activar voluntariamente la micción o retenerla. En algunos casos, persiste la inmadurez vesical y, entonces, se habla de vejiga hiperactiva. El niño presenta micciones diurnas frecuentes, imperiosas y en pequeñas cantidades.

La maduración psicológica o afectiva

Para mantenerse limpio, el niño debe tener ganas de ser mayor, de identificarse con el adulto, de imitarlo. Esta maduración llega cuando adquiere una cierta autonomía que le permite separarse más fácilmente del adulto sin que ello suponga que tenga miedo de ser abandonado.

La maduración intelectual

El niño debe poder ser consciente de su necesidad y, sobre todo, ser capaz de expresarlo con palabras simples como «pipí» o «caca» para obtener la ayuda de un adulto. Además, debe lograr establecer una relación lógica entre la sensación de tener ganas de hacer sus necesidades, el orinal y el resultado de la sensación inicial (orina). Por lo tanto, tiene que comprender para qué sirve el orinal o el baño.

Las tres etapas del aprendizaje

Así pues, el aprendizaje del control de vejiga y esfínter pasa por tres etapas diferentes que se suceden en el tiempo, pero cuya adquisición puede variar de un niño a otro.

- El niño debe ser consciente de todo lo que ocurre en su cuerpo: por lo tanto, hacer pipí tiene que dejar de ser un reflejo.
- También debe ser capaz de aguantar (contracción voluntaria de los esfínteres) hasta llegar al baño, quitarse la ropa interior, etc.
- Él mismo debe decidir cuándo ir al baño y no hacer más sus necesidades en el pañal.

Algunos consejos prácticos para lograrlo

En líneas generales, salvo que se produzca una patología especial, todos los niños se mantienen limpios entre los 2 y los 4 años. Por lo tanto, no es necesario ningún aprendizaje especial; lo importante es que acompañes adecuadamente a tu hijo y que respetes su ritmo de desarrollo. El niño que tenga unos padres que lo decidan todo por él siempre necesitará una ayuda externa y no sabrá lo que debe hacer si no ha recibido antes las instrucciones.

Ofrecemos algunos consejos que te servirán de ayuda:

* haz que participe cuando se le desnuda, cuando se le quita el pañal sucio, y deja que te ayude a la hora de poner un pañal limpio;
* pon el orinal a la vista y a su alcance en cuanto empiece a interesarse por él;
* anímalo a avisarte cuando necesita hacer sus necesidades;
* no le impongas horas fijas para ir al baño. En cambio, proponle con frecuencia que vaya, ya que puede olvidarse de que ya no tiene pañal cuando está concentrado con un juego;
* vístele con ropa que pueda quitarse fácilmente; el día que decida usar el orinal él solo, déjalo, aunque exista la posibilidad de accidente al principio;

- respeta su intimidad;
- felicítalo, pero no insistas demasiado, ya que recompensarlo o felicitarlo en exceso puede provocar que piense que sus necesidades son un regalo que hace al adulto;
- cuando empiece a mantenerse limpio, pregúntale si quiere ponerse un pañal para la siesta y respeta su deseo;
- no lo regañes si se produce un accidente; quítale hierro, ya que puede sentirse ofendido o humillado.

La elección del orinal

El orinal debe ser muy estable y robusto para evitar los riesgos de caída del pequeño o de vuelco cuando este se levanta. También debes pensar en escoger un orinal en el que el niño pueda sentarse o mantenerse sentado sin problemas. Así, ten en cuenta su ergonomía: tu hijo tiene que sentirse cómodo. No dudes en comprarlo y en colocarlo en un lugar visible para él, incluso antes de empezar el aprendizaje de los hábitos. Así, podrá acostumbrarse y descubrirlo.

TOMAR MEDIDAS EN CASA

Si a pesar de un aprendizaje adecuado tu hijo todavía no se mantiene limpio tras haber cumplido 5 años, puede resultar útil tomar una serie de medidas en el día a día para ayudarlo a controlar su enuresis y a superarla. No obstante, recuerda que tu hijo no es responsable de su incontinencia, por lo que resulta fundamental que lo liberes del sentimiento de culpa y, sobre todo, que no lo riñas o lo humilles; corres el riesgo de ver cómo se encierra en sí mismo y desarrolla una angustia y un sentimiento de vergüenza.

Para ayudarlo en el día a día, adopta medidas, costumbres y conductas adecuadas.

- Anímalo a acudir al aseo con frecuencia durante el día.
- Dale cantidades de bebida adaptadas a su peso por el día y reducidas por la noche.
- No le des más de beber una hora antes de acostarse y evita las bebidas azucaradas.
- Regula su ritmo de sueño, obligándolo a acostarse temprano.

- Justo antes de acostarlo, invítalo a ir al baño. Intenta que lo haga espontáneamente para favorecer su autonomía.
- No le pongas pañal, dado que esto puede ser denigrante y, también, puede animarlo a complacerse con lo fácil. En su lugar, adapta la ropa de cama para simplificar su limpieza.
- Coloca una lámpara de noche en su habitación para que pueda levantarse fácilmente durante la noche si tiene una necesidad apremiante.
- Sitúa un orinal cerca de su cama si su habitación está demasiado alejada del baño.
- Invita a tu hijo a cambiar las sábanas en caso de accidente para responsabilizarlo. No obstante, procura que no tenga la sensación de que se trata de un castigo.
- Quítale hierro a la situación y háblalo con él sin juzgarlo.

La atención individual y personal del niño es igual de importante que el tratamiento medicamentoso o los ensayos de condicionamiento que se le pueden proponer. Él es el actor principal de su curación. Para obtener su colaboración activa, hay que tomarse un tiempo para hablar con él acerca de los medios que se van a poner en marcha para resolver la enuresis. Un excelente método para ayudarlo es la creación de un calendario miccional, que a menudo se llama «calendario sol», en el que podrá dibujar un sol cada vez que haya pasado una noche seca. Este calendario se convierte en un elemento importante de la atención y de la responsabilización del niño, y parece especialmente eficaz, ya que permite resolver el problema en casi un 30 % de los casos. Además, este calendario permite visualizar la frecuencia y la distribución de los accidentes y, de esta manera, se puede sacar un posible esquema repetitivo o aislar un acontecimiento particular que podría explicar la enuresis (Mas *et al.* 2004).

También puedes ayudar a tu hijo gracias a una reeducación miccional. Explícale el procedimiento con palabras claras y sencillas de entender.

Invítalo a parar esporádicamente cuando orina durante el día para que fortalezca su vejiga. Estos ejercicios de interrupción miccional permitirán aumentar la capacidad de retención vesical y el control de los esfínteres de tu hijo durante el día.

¿CUÁNDO HAY QUE ACUDIR A UN PROFESIONAL?

Dado que existe una maduración espontánea y que, en la mayoría de los casos, los síntomas desaparecen con la edad, el tratamiento de la enuresis solo debe contemplarse a partir de los 6 años, cuando se vuelve paralizante o molesta tanto para el hijo como para los padres. Si sientes que el problema te supera y que las medidas adoptadas no dan ningún resultado, no dudes en acudir a un especialista de la salud, que podrá aconsejarte.

¿POR QUÉ TRATAMIENTO HAY QUE APOSTAR?

En cualquier caso, tanto si la enuresis es primaria como si es secundaria, será necesario que acudas a un médico, quien podrá comprobar si el trastorno es de origen fisiológico o psicológico, o si esconde otra patología orgánica y, de esta forma, establecerá un diagnóstico. Durante esta primera visita, es fundamental que el especialista explique al niño el funcionamiento de su vejiga (por ejemplo, con ayuda de un dibujo) y que responda a sus preocupaciones. A través de esta explicación, quitará hierro a la situación y permitirá una atención exitosa.

Si la enuresis no representa un problema real para el niño y para sus padres, si no genera una autoimagen negativa y si no tiene ningún impacto en el niño a nivel psicosocial, los pediatras y los urólogos recomiendan esperar a que se resuelva de manera natural.

Asimismo, recuerda que los tratamientos, tanto farmacológicos como psicoterapéuticos, no servirán de nada si no van acompañados de medidas conductuales aplicadas en casa.

El tratamiento por condicionamiento

El sistema de alarma sonora, que inventó en 1904 Pfaundler (pediatra austriaco, 1872-1947) con el objetivo de avisar a las enfermeras cuando sus pacientes mojaban las sábanas, sufrió a continuación varias modificaciones. Ernst Bieri (inventor suizo, 1914-2007) retoma la idea en 1932, pero habrá que esperar a los esposos Mowrer para que el sistema llamado «pipí-stop» sea utilizado a mayor escala a finales de los años 1930. Estos pequeños aparatos, que funcionan con pilas, se colocan en la ropa interior del niño y emiten un sonido estridente en cuanto salen las primeras gotas de orina. Esta alama permite que el niño se despierte, que retome el control de la micción y que vaya al baño.

Su uso se reserva más para los mayores, ya que es más difícil y limitador para niños de 6 o 7 años tener una motivación suficiente para levantarse en mitad de la noche. Además, el sueño de los más jóvenes suele ser más profundo y, por consiguiente, pueden no escuchar la alarma. Dado que el timbre es relativamente potente, es importante que impliques al resto de la familia en este proceso para no provocar frustraciones y conflictos. También será imperativo reservar esta solución para el domicilio familiar, puesto que difícilmente se puede conciliar la alarma sonora con un viaje escolar o una noche en casa de un amigo.

Este sistema de alerta debe utilizarse cada noche durante tres o cuatro meses para obtener resultados concluyentes. Así, el niño modifica poco a poco su sueño y se despierta más rápidamente, lo que le permite controlar su micción.

El porcentaje de éxito de este sistema varía enormemente de una muestra a otra y, según los estudios, puede alcanzar entre un 50 y un 70 %, con un bajo índice de recaídas (Wilhelm-Bals *et al.* 2010).

¿Sabías que...?

Cambiar de lugar actuaría como un sistema de alarma. Un niño alejado de su familia que teme una pérdida urinaria humillante modifica inconscientemente su sueño para lograr controlarse.

El tratamiento medicamentoso

En algunos casos, puede resultar necesario recurrir a un tratamiento medicamentoso. No obstante, debe prescribirse con prudencia y no puede durar mucho tiempo. La principal medicación que se administra al niño enurético es la desmopresina, un medicamento de síntesis que reproduce la acción antidiurética de la HAD y disminuye de esta manera el flujo de orina nocturno.

En líneas generales, el tratamiento dura entre uno y tres meses, pero se puede utilizar perfectamente de forma puntual para prevenir los accidentes en periodos cortos, como un fin de semana fuera de casa o un viaje escolar, por ejemplo. Si la enuresis no mejora después de un mes tomando medicamentos, es inútil seguir con el tratamiento. Aunque resulta fácil administrar el remedio a los niños pequeños, ya que se presenta en forma de espray nasal, su absorción varía en caso de infección de las vías respiratorias superiores o de rinitis alérgica. Para los más grandes, la desmopresina se presenta en forma de pastillas.

Su índice de éxito alcanza entre el 60 y el 70 %, pero son frecuentes las recaídas cuando se interrumpe la ingesta del medicamento.

¡CUIDADO!

La desmopresina puede provocar la caída de la tasa de sodio en sangre; así pues, hay que vigilar los aportes hídricos durante el tratamiento. El niño no debe beber una hora antes y ocho horas después de tomar el medicamento para evitar una intoxicación por agua.

En caso de enuresis rebelde en un niño de más edad, se puede contemplar la idea de un tratamiento con un antidepresivo tricíclico. No obstante, su modo de acción sigue siendo relativamente difuso e incierto, y es conveniente prestar una atención especial, ya que las dosis prescritas se asemejan a las que conllevan la aparición de efectos secundarios como un cambio de personalidad (agresividad, apatía) o, incluso más grave, una arritmia cardiaca o convulsiones. No se excluye el riesgo de sobredosis, por lo que se debe extremar la precaución.

Para acabar, la oxibutinina se prescribe para tratar la inmadurez vesical si también se observan trastornos miccionales durante el día.

La atención psicológica

En los niños pequeños, una escucha atenta y un apoyo familiar adecuado suelen bastar para poner un punto final a la enuresis nocturna. No obstante, algunas situaciones requieren un seguimiento psicológico inmediato. Debe contemplarse esta opción en caso de:

- enuresis en el adolescente;
- repercusión psicológica importante;
- trastorno asociado, como la encopresis (incontinencia fecal);
- problemas escolares, trastornos de la conducta o preocupaciones familiares.

En el caso de una enuresis secundaria persistente generada por un trastorno afectivo, puede resultar especialmente eficaz la atención psicológica a manos de un pedopsiquiatra. A través de un interrogatorio clínico, este último intentará descubrir el elemento que desencadena la enuresis nocturna del niño y, a continuación, podrá iniciar un trabajo exhaustivo psicoterapéutico para desbloquear la situación.

Además de estas situaciones particulares, el fracaso de cualquier otro tipo de tratamiento puede constituir una razón para una evaluación psicológica. El terapeuta empezará por conocer al niño antes de hacer el balance sobre sus síntomas y sobre sus sensaciones. Hablará con él de lo que sabe sobre la enuresis y de lo que ya se ha intentado para solucionarla. Informará al niño de lo que piensa acerca de la situación, de lo que hay que cambiar e implementar en casa. Si el niño mantiene una actitud pasiva con respecto a su enuresis, el especialista tendrá que evaluar la situación con él regularmente.

Los tratamientos paralelos

Aunque los enfoques que se suelen recomendar y utilizar en caso de enuresis nocturna son el personal, el psicológico y el medicamentoso, algunos padres prefieren optar por tratamientos paralelos que les parecen más naturales o menos invasivos. Entre los más conocidos, se encuentran:

- **la fisioterapia por *biofeedback*.** La reeducación vesicoesfinteriana por electroestimulación o natural permite al niño reforzar sus esfínteres y retomar el control de su cuerpo. Se propone en primer lugar en caso de incontinencia diurna. En caso de electroestimulación, una pequeña sonda permite contraer artificialmente el perineo y, de esta manera, se fortalece. El *biofeedback* natural también emplea una sonda, pero solo para dejar constancia de las contracciones del perineo realizadas de forma natural y para visualizarlas en pantalla;

- **la electroacupuntura.** La acupuntura con láser permitiría reducir la aparición de incontinencia nocturna. Un estudio realizado en el año 2000 en una muestra de veinticinco niños con edades comprendidas entre los 7 y los 16 años, con enuresis nocturna, demostró que, después de un tratamiento de ocho semanas, la incontinencia de un 65 % de ellos había disminuido considerablemente (Björkstrom *et al.* 2000);

- **la homeopatía y la fitoterapia.** A veces se propone el uso de fórmulas homeopáticas o de plantas a los padres que desean ofrecer a su hijo un tratamiento natural. No obstante, actualmente no existen estudios clínicos que demuestren científicamente su eficacia. Además, hay que tener en cuenta que la duración de estos tratamientos es particularmente larga: al menos un año.

PREGUNTAS FRECUENTES

¿CUÁNDO ENSEÑAR AL NIÑO A USAR EL ORINAL?

Debes saber que es totalmente inútil que intentes enseñarle a mantenerse limpio demasiado pronto. El sistema nervioso, que rige los esfínteres y, por lo tanto, la vejiga, solo alcanza su maduración cuando se encuentra alrededor de los 2 años. Así pues, deja que tu hijo evolucione a su ritmo y no te precipites.

Obsérvalo: su conducta te indicará que está preparado para usar el baño. ¿Es consciente de lo que ocurre cuando hace sus necesidades? ¿Le molesta que su pañal esté manchado? ¿Es capaz de expresar su necesidad de ir al baño y entiende las órdenes sencillas? Además de estas primeras señales de una maduración fisiológica, si tu hijo es capaz de sentarse y de levantarse sin ayuda, de quitarse la ropa interior solo y de aguantar unas horas sin mojar —con lo que demuestra que los músculos de su vejiga están lo suficientemente desarrollados como para almacenar orina—, está preparado para lanzarse en la gran aventura de mantenerse limpio y de descubrir el orinal.

¿QUÉ OPINIÓN MERECEN LOS PAÑALES O PAÑALES DE APRENDIZAJE?

Esos pañales y pañales de aprendizaje que, a menudo, llevan muchos colores, son perfectos durante el día y pueden servir de intermediario entre los pañales y la ropa interior. En cambio, su capacidad de absorción suele ser insuficiente por la noche, cuando los accidentes son más frecuentes.

Los pañales de aprendizaje (*pull-ups*), bastante parecidos a los pañales clásicos, están hechos del mismo material que los pañales y, en caso de accidente, son desechables. Por su parte, los pañales de aprendizaje son lavables y cuentan con una o dos capas absorbentes y con una capa impermeable. Ambos tienen la ventaja de ser más fáciles de manipular para el niño, que puede bajarlos y subirlos con soltura cuando va al baño.

Sin embargo, intenta no alargar su uso, ya que podrían retrasar la adquisición de los hábitos de tu hijo, dado que este último se olvidaría de ir al orinal en caso de necesidad y se complacería con lo fácil.

MI NIÑO DE SIETE AÑOS SIGUE MOJANDO LA CAMA. ¿TENGO QUE PREOCUPARME?

La adquisición de los hábitos varía de un niño a otro; algunos se mantienen limpios ya con 2 años, mientras que otros lo son hacia los 5 años, sin que esto suponga una anomalía. No obstante, tras esta edad de transición, es conveniente que prestes atención a la enuresis nocturna para que no genere futuros problemas físicos o psicológicos en el niño.

Ante todo, plantéate la siguiente pregunta: ¿tu hijo nunca se ha mantenido limpio (enuresis primaria) o ya lo era y ha dado un paso atrás sin que sepas la razón (enuresis secundaria)? Intenta recordar desde cuándo tu hijo vuelve a mojar la cama. ¿Se ha producido un acontecimiento particular en el mismo periodo? En cualquier caso, no dudes en consultar a tu médico, que podrá establecer un diagnóstico, te explicará las medidas conductuales que habrá que implantar en casa para ayudar a tu hijo y, eventualmente, te propondrá un tratamiento más exhaustivo.

¿TENGO QUE DESPERTAR A MI HIJO POR LA NOCHE PARA LLEVARLO AL BAÑO?

No. Por una parte, muchos niños enuréticos tienen un sueño profundo y les cuesta despertarse. Por lo tanto, esta técnica en seguida se vuelve bastante pesada y agotadora para el pequeño y para su familia. Por otra parte, este despertar nocturno puede convertirse rápidamente en una fuente de tensión y de angustia para tu hijo, que tendrá la sensación de imponer su problema al resto de la familia. Además, al despertarlo contra su voluntad, lo eximirás de sus responsabilidades y le quitarás la oportunidad de ser el actor de su curación. Aunque en Europa se utilizan relativamente poco por su coste y porque los seguros médicos no suelen devolver el dinero, las alarmas sonoras que se colocan en el pañal o en la ropa interior de tu hijo siguen siendo una buena alternativa, ya que lo despertarán en cuanto aparezcan las primeras gotas de orina.

¿QUÉ HAGO SI MI HIJO TIENE QUE IR A CASA DE UN AMIGO O PASAR UNOS DÍAS FUERA?

¿Ya estaba prevista la estancia y tu hijo está en edad de mantenerse limpio? Esta puede ser una buena razón para consultar a un médico e iniciar un tratamiento. Si tu pequeño todavía es demasiado joven o el tratamiento aún no ha dado sus frutos, no dudes en hablar con los adultos que van a acogerlo en su casa. Aprovecha para quitarle hierro al asunto; debes saber que otros padres y otros niños han vivido o siguen viviendo el mismo problema.

Aunque sea moderado, el estrés de dormir fuera de casa a veces puede hacer que disminuya el problema de enuresis. Inconscientemente, tu hijo está más sobre aviso en su sueño y logra controlar mejor sus esfínteres. Desgraciadamente, también puede ocurrir lo contrario. Se trata de organizarse bien y de hablarlo con los anfitriones, pero, sobre todo, no dejes a tu hijo sin salir. Él también necesita relaciones sociales y afectivas.

Para estancias cortas, puedes recurrir a la desmopresina, un medicamento que permite disminuir el flujo de orina durante la noche. No obstante, nunca administres este medicamento a tu hijo sin haberlo consultado previamente con tu médico.

¿SON INEVITABLES LAS REVISIONES MÉDICAS DURANTE UNA CONSULTA PARA UN PROBLEMA DE ENURESIS?

Cuando consultes a un profesional para curar la enuresis de tu hijo, este último utilizará dos enfoques para elaborar su diagnóstico: la anamnesis (el interrogatorio) y el examen clínico.

Durante esa anamnesis, el médico primero plantea preguntas a tu hijo y lo escucha para conocer su percepción y su comprensión del problema. A continuación, entrevistará a los padres para informarse de sus antecedentes médicos, el historial familiar y los hábitos del niño.

Después, procederá a un examen clínico somero. Los chequeos complementarios a menudo son inútiles y solo se prescriben si existe la sospecha de una patología subyacente. Consisten en un análisis de orina, una ecografía de las vías urinarias y una exploración urodinámica, es decir, un examen de la vejiga y de la uretra para evaluar su reacción cuando se ven sometidos a una cierta presión (vejiga llena, tos, risa, etc.).

¡Tu opinión nos interesa!
¡Deja un comentario en la página web de tu librería en línea,
y comparte tus favoritos en las redes sociales!

PARA IR MÁS ALLÁ

FUENTES BIBLIOGRÁFICAS

- Abbas, Fadwa. 2014. "Incontinence urinaire chez l'enfant. 5e colloque périnatalité/pédiatrie". *Centre de santé et de services sociaux du Nord de Lanaudière.*

- Björkström, Gun, Anna-Lena Hellström y S. Andersson. 2000. "Electro-acupuncture in the treatment of children with monosymptomatic nocturnal enuresis". *Scandinavian Journal of Urology and Neprhology*, vol. 1.

- Bourrillon, Antoine, Grégoire Benoist y Christophe Delacourt. 2014. *Pédiatrie. Réussir les épreuves classantes nationales.* 6.ª ed. París: Masson.

- de Broca, Alain. 2009. *Le développement de l'enfant: aspects neuro-psycho-sensoriels*, 4.ª ed. París: Elsevier Masson.

- de Truchis, Chantal. 2009. *L'éveil de votre enfant. Le tout-petit au quotidien.* París: Albin Michel.

- Dehin, Robert. 2002. "Énurésie". *Passeportsanté.* Consultado el 3 de enero de 2018. http://www.passeportsante.net/fr/Maux/Problemes/Fiche.aspx?doc=enuresie_pm

- Feldman, Mark. 2005. "La prise en charge de l'énurésie nocturne primaire". *Société canadienne de pédiatrie.* Consultado el 3 de enero de 2018. https://www.cps.ca/fr/documents/position/enuresie-nocturne-primaire

- Guignard, Jean-Pierre. 2007. "Le genial inventeur Suisse du pipi-stop (AntiNass)". *Paediatrica*, vol. 18, n.° 6. Sierre: Société suisse de pédiatrie. Consultado el 29 de enero de 2018. http://www.swiss-paediatrics.org/sites/default/files/paediatrica/vol18/n6/pdf/51-52.pdf

- Mas, Jean-Luc, Sophie Figon y Bruno Senez. 2004. "Mon enfant fait encore pipi au lit". *La revue du praticien. Médecine générale*, n.° 670. Saint-Cloud: Global Media Santé.

- Valleteau de Moulliac, Jérôme, Jean-Paul Gallet y Bertrand Chevalier. 2005. *Guide pratique de la consultation en pédiatrie.* París: Elsevier Masson.

- Wilhelm-Bals, Alexandra, Jacques Birraux y Éric Girardin. 2010. "Troubles mictionnels de l'enfant". *Paediatrica*, vol. 21, n.° 5. Sierre: Société suisse de pédiatrie. Consultado el 3 de enero de 2018. http://www.swiss-paediatrics.org/sites/default/files/paediatrica/vol21/n5/pdf/25-30.pdf

FUENTES COMPLEMENTARIAS

Libros para leer con tu hijo

- Bawin, Marie-Aline y Elisabeth de Lambilly. 2007. *Tom fait pipi au lit*. París: Mango Jeunesse.

- Beigel, Christine y Hervé Le Goff. 2011. *Le Canari qui faisait pipi au nid*. París: Gautier Languereau, colección *Les petites histoires du soir*.

- Floury, Marie-France y Fabienne Boisnard. 2015. *Petit Lapin Blanc et le pipi au lit*. París: Gautier Languereau.

- Iwamura, Kazuo e Hisako Madokoro. 2007. *Le petit chat qui se réveillait tout mouillé*. París: L'école des loisirs.

- Naumann-Villemin, Christine y Elsa Oriol. 2010. *Le Pipi de Barnabé*. París: Kaléidoscope.

- Schneider, Christine y Hervé Pinel. 2014. *Pipi de nuit*. París: Albin Michel, colección *Panda poche*.

- Ytak, Cathy y Vincent Mathy. 2011. *Petits ruisseaux*. París: Sarbacane.

50MINUTOS.es

Historia
Economía y empresa
Coaching
Book Review
Salud y bienestar
Arte y literatura

EL DIAGRAMA
DE ISHIKAWA

Material Método Máquina

Madre Medida Hombres
Naturaleza

LA GUERRA DE
PALESTINA DE 1948

DOMINA
EL ARTE DEL
NETWORKING

¡APRENDER
NUNCA ANTES FUE
TAN RÁPIDO!

www.50minutos.es

www.50Minutos.es

ISBN ebook: 9782806299376

ISBN papel: 9782806299383

Depósito legal: D/2017/12603/379

Libro realizado por <u>Primento</u>, el socio digital de los editores